문득

학명란 시집

포엠포엠 시인선 003

문득

학명란 시집

■ 자서

턱없는 짓을 하고 있다는 자괴감이 엄습하는 날들이었다.
세상은 명백하게 불공평해 내게는 떠돌아다니는 말들을
글로 묶어내는 재주가 주어지지 않았다.
무라카미 하루키의 말처럼 쓰지 않는 것이
더 고통스러운 날들이기도 했다.
바다에 가고 싶었고 개펄을 보고 싶었고
서걱이는 마른 갈대를 보고 싶었다.

■ 차례

1부 내 안의 바다

4월에 내리는 눈 / 13
곰소 염전 / 14
겨울나무 / 15
실상사 / 16
눈물의 기억 / 18
내 안의 바다 / 19
폭설 / 20
모든 것이 제자리로 돌아가는 풍경 / 21
운주사엔 아마도 / 22

2부 잃고, 잃다

합장合葬 / 27
어머니 · 1 / 28
어머니 · 2 / 29
어머니 · 3 / 30
어머니 · 4 / 31
성격 급한 조변호사 / 32
잃고, 잃다 / 33
툰드라의 순록들처럼 / 34
너희가 꽃이다 / 36

3부 힐링 개펄

은기리殷基里 / 41
보름 / 42
하늘을 꿈꾸는 농부 / 43
쉬는 법, 은기리 / 44
그 저수지에 / 45
인연 / 46
해돋이 / 47
힐링 개펄 / 48

4부 이별에게 인사하세요

다시 사랑하기 / 51
봄을 선물합니다 / 52
이별에게 인사하세요 / 54
식상하고 진부한 사과謝過 / 55
경래씨, 기필코 봄은 옵니다 / 56
속리산 가는 길 / 57
편지 / 58
변辨 / 59

5부 지리멸렬 일상사

겨울여행 / 63
불면 / 65
맞선 / 66
꽃의 전설 / 67
흔적 / 68
나잇값은 무료 / 69
구절초 / 70
슬픈 상숙이 / 71
울 수 있어 좋겠습니다 / 72
문득 / 74
지리멸렬 일상사 / 75
무서운 동화 / 76
스물 셋, 그때 / 78
졸업식 / 80

6부 숲이 되고 싶다

첫 발자국 / 83
화순, 고인돌 / 84
로터리 / 85
지친 독백 / 86
숲이 되고 싶다 / 88
뷰파인더를 보며 / 89
사랑을 믿느냐고 묻는 말에 대하여 / 90
상사화 / 91
우선멈춤 / 92

■ 작품평설
사랑과 언어를 찾아 떠난 구도求道의 길 - 이규식(문학평론가) / 93

1부
내 안의 바다

4월에 내리는 눈

나무들이 두런거리고 있었다
공양간 가마솥에선 첫 눈물*이 터지고
우산을 꺾으며 바람이 부는 풍경은 다소 서사적이었다
숲은 웅성거림으로 당황스럽고
나무들은 제각기 붉은 눈으로 일어섰으나
아직은 아무도 입을 떼지 못한 채였다

길의 끝은 바다로 향하고
해수관음의 흰 옷자락은
마을로 걸어갔다
검푸른 바다로부터 비린내를 품고
치솟아 오르는 거친 바람만이
아직 말을 이루지 못한 언어를 알고 있었다

*밥물이 넘치는 것을 공양간에선 눈물이 터진다고 한다

곰소 염전

길이 끝나는 곳에서 홀린 듯
속내를 털어놓았다
오장육부 밑바닥에 눌러 붙어있던
완고한 혼란과 애증과 당당한 남루
닿지 못한 채 툭, 툭 추락하던 사랑의 말들과
암담한 소통까지도

한낮 무료함을 들쑤시는 바람은 태양과 작당하여
은밀히 숨겨 놓은 불완전한 언어들을 적신다
젖은 것들은 스스로 버거워 습기를 버리고
소멸은 반짝이는 응어리로 結晶된다
소멸의 시간 앞에
하얀 자괴와 연민을 서억서억 긁어내는 鹽夫
가늘게 부는 바람, 그리움의 냄새는 헤실바실

겨울나무

먼 산 결 좋은 화선지 묵흔처럼
회색 하늘과 소소한 농담濃淡을 나누는 그들은
함께 있으나 군집을 이루지 않고 겨드랑이 사이
헐렁한 바람과 빛살의 길을 터준다
각자이면서, 아름다운 거리로
어깨를 겯고 하나의 풍경이다

사람의 마을에서
사람의 간절함을 하늘에 전하는 기원으로 나이를 먹고
바람 골을 타고 살망살망 산으로 모여 새를 키우고
고라니를 품고 얼음 아래로 물을 토해낸다

가장 추운 겨울
가장 가벼운 몸으로 경쾌하게 찬바람과 마주서고
명징하고 담백하게 자신을 이야기하며
쓸쓸하고 외로운 모습을 부끄러워하지 않는다

하나이면서 密生을 마다하지 않고
풍경 속에서 우뚝 존재할 줄 아는 혼자이다

실상사

벅수가 서 있는 여기쯤이 마을이 시작되는 곳이었겠지
새 씨앗을 준비하는 대지는 아직 비어있고
오지랖 넓은 보름달이 맘껏 빈 들판을 차지하고 있다

생경한 풍경은 묘한 안도감도 함께 주는 법
납의같이 겸손하고 정갈한 이불로
꿈결인 듯 얕고도 짧은 잠을 자고
도량석道場釋* 소리를 따라 새벽 찬 공기에
머릿속을 씻어내 본다.

버리고자 애써야 할 만큼 많이 담고 살았다면
오래된 먼지처럼 메마른 나날은 대체 무엇이었던가
많이 담고 있어 풍요로운 날들이 아니었다면
비워냄으로 채워지는 날들도 있으리라

그러나 정작 버리고자 채근 할수록
맷돌을 짊어진 듯 무겁고 아프다
다만 고요해지기를 보이지 않는 마음에 휘둘리지 않기를
다만 침잠할 수 있기를
내 안의 나를 따뜻하게 보듬어 줄 수 있기를

입김이 서리는 찬 법당 바닥에
이마를 댄다
엎드린 등 위로, 낮고 장엄한 기원

지심귀명례至心歸命禮*

*도량석(道場釋) : 사찰에서 새벽 예불을 하기 전에 도량을 깨끗하게 하기 위해 치르는 의식이다. 현재 우리나라 사찰에서는 새벽 3시에 한다. 도량을 깨끗하게 한다는 의미 외에, 잠들어 있는 천지만물을 깨우며 일체 중생들이 미혹에서 깨어나게 한다는 의미도 지니고 있다.
*지심귀명례(至心歸命禮) : 지극한 마음으로 불보살과 선지식에 귀의함. 지극한 마음으로 나를 온전히 낮춘다는 의미를 지니고 있다.

눈물의 기억

참았던 울음이 터졌다

그녀가
무량수전 처마 끝 능선
나목들이 얼마나
파도치는 애증을 다독여 주었는지
눈 아래 아득한 연봉들이 얼마나
깊은 고요와 낮은 겸허로 안내해 주었는지
빛을 따라 미소 짓는 석등의 보살이
절망으로 침몰하는 심장에 얼마나 환한 빛을 주었는지
건조한 눈빛으로 말하지 않았다면

다시 울지 않을 것이라는
맹세는 아니어도
먼지 냄새 나는 일기장 같은 그리움으로
눈물짓는 일은 없을 것이라고
다짐할 수 있었는데

그러니
내 눈물의 삼분의 일쯤은
부석사에게 책임을 물어야 할 것이다

내 안의 바다

자브락 자브락 스님의 고무신과
목탁소리가 어둠을 밀어내는
도량석에 얕은 잠에서 깨었다

밤새 파도소리를 들었다
바다는 아직 있을까
문을 열고 보니
바람이 몰고 온 싸락눈이
댓돌 위 신발에 가득하다

미움과 분노로 홀로 피폐해져
지친 눈길을 달려오던 내 마음은
내게로 향하는 칼끝이 되어,
백팔 배를 하며 백 여덟 번 아프게 나를 찌른다

피 흘리고 절뚝이며 전나무 숲을 따라간다
어둠은 아직 제 그림자를 거둬들이지 못하고
볼을 때리는 바람 안에 바다냄새가 설핏하다

폭설

    준비 없이 나선 길에 만났다
    눈은 제멋대로 몰려다니며 도시를 장악하고 바다까지 메워버릴 기세였다
    풍경은 사라지고 태초부터 색은 없었다

    태양은 바다에서 찬란했고 외발로 꽁꽁 언 새벽을 누비던 민박 주인은 눈이 진군을 포기했던 바다에서 누군가를 구하는 대가로 다리 하나를 상납하고 뭍에서 물으로 하나 남은 다리의 쉼터를 옮겼다고 했다

    山寺는 눈 속에서 적요했고 아직 깨어나지 않은 소란스러움은 무릎까지 쌓인 눈밭 아래에서 어리둥절했다 바다만이 다른 색을 갖고 있었다 세상은 단순한 선과 면으로 그림그리기를 막 배운 아이의 유쾌한 스케치였다

    디테일한 편린들이 사라진 그림은 민다고 밀어지는 문이 아니었다 하얀 단절이었다 그 안에서 사람만이 풍경이었다

    당신만이 유일한 문이었다

모든 것이 제자리로 돌아가는 풍경*

걷는 일은 혼자가 제격이다

혼자 걷기에는 역광의 억새가 눈물겨운 가을이 제격이다

가을에 혼자 걷기에는 저물녘이 제격이다

이제 상처는 빛이 바랬고
눈물은 바람이 된지 오래되었노라고,
콧노래를 하면서도 불현듯
소리 없이 온 몸으로 스며드는 노을 같은 슬픔의 시간

칸칸마다 추억인 푸른 기차가 지나고
모든 것들이 그들의 자리로 돌아가는 시간
그 풍경 밖의 풍경 하나

*시인과 촌장의 풍경이라는 노래에서 따옴

운주사엔 아마도

이런 전설이 있었다지. 오래 전 인간들의 동네에서 멀지도 가깝지도 않은 곳에 가난한 보살들의 마을이 있었어

천의 보살과 천의 탑들이 천의 모습으로 용화세상을 향해 일심으로 나아가고 있었지 길은 멀고 험해 더러는 추위로 볕바른 곳에 주저앉기도 고단하여 바위너설에 몸을 눕기도 더러는 더 이상 갈 수가 없어 멈추었다지. 늘 어눌한 눈빛으로 바라보던 두 보살만이 보듬어 안고 순결한 향기를 나누고 서로의 눈물로 목을 축이고 열망으로 가슴을 덥혀 하늘 가까운 솔숲에 이르렀는데 아직 동은 트지 않은 거야 닭 울음소리 들리기 전까지만 쉴 수 있어 서로의 숨소리를 들으면서 누웠는데 짧은 밤이 안타까워 한 보살이 그만 닭의 목을 비틀어 버렸다지

도솔천 따윈 어찌되어도 상관없어

아침을 없앤 죄로 다신 일어설 수가 없어 같은 곳에 누워 같은 하늘을 바라보면서 그리움으로 온 몸이 까맣게 타버리고 말았어. 닭은 아직도 울지 않고 미륵의 세상은 이제 오지 않을지도 몰라

아침을 잃고 이미 용화세상을 기억하는 이들도 남아있지 않지만 둘은 매일 같은 꿈을 꾸지, 어느 날 개벽의 시간처럼 닭이 울고 그을은 몸을 일으켜 재가 되어버린 가슴 부비고 부벼 한 줌 바람으로 흩어지는 그런 꿈

　그 마을에서 가장 **賢者**다운 얼굴을 한 멧부리 소나무는 벌써 알고 있었다는데

2부
잃고, 잃다

합장合葬

봉분위에 올라앉은 늦고사리가
제법 눈에 띈다

향을 피우고 술을 따르고 절을 하고
오빠를 올케 옆에 눕혔다
담배를 몇 대씩이나 피울 시간만큼
무덤가를 돌아다니던 오빠는
늘 고사리를 꺾는다는 핑계를 대곤 했다

多情이 깊어 얻어진 병 이제 덜어냈으니
라일락 멘솔* 한 대 편히 피울 수 있겠네

그리움과 간절함은 맹목의 이음동의어였던가
먹지도 않을 고사리 핑계를 대는 오빠의 부질없는
목마름이 늘 유리조각에 베인 듯 아팠다

고사리를 꺾는 일도
다 사라지고 잿빛하늘에 퀭한 눈만 아득하게 남도록
앉아 있는 일도 오빠는 이제 없겠다

*라일락 멘솔 : 박하향이 나는 담배이름

어머니 · 1
- 삼우제

달아나고 싶다
눈 쌓인 산 속 고립도 좋고
태풍으로 길 끊긴 섬도 좋고
사막 한가운데서 낙타를 잃어도 좋다
어디든, 이 지독한 막막함이 닿지 않는 곳이라면
슬픔은 아직 구체적인 얼굴을 하지 않고
머릿속은 낯선 곳에서 맞닥뜨린 어둠 같았다
눈물은 아직 흐르지 않았는데 가녀린 갈빗대 사이
남은 흐느낌이 역류한다

유령처럼 허방을 딛고 돌아오는 길,
할 수 있는 일은 그저 눈을 감고 어둠을 보는 일 뿐

어머니 · 2
– 첫 기일

슬픔인줄 몰랐습니다
사직서를 내고 갯바람이 부는 동네로 이사를 하고
때로 바다를 보고
때로 안개에 갇히고
때로 고혈압 약을 먹고
어머니 가시고 내가 한 일입니다

아무렇지도 않은 얼굴을 하던 슬픔이
이런 식으로 천천히
뼛속으로 허파로 마른 심장으로 그림자처럼
스며들어 나를 기만할 줄 몰랐습니다
눈물도 통곡도 없이 이렇게 고약하게
무릎 꿇릴 줄은 정말 몰랐습니다

주저앉은 채 무릎걸음으로 허둥대는
이것이 슬픔인 줄은 꿈에도 몰랐습니다

어머니 · 3
– 말표 고무신

뉴똥 치마와 흰 고무신을 즐겨 신으시던 어머니가
딱 한번 복숭아 꽃빛 하이힐을 신으신 적이 있었다
온 천지에 햇살이 창백하던 오월 어느 날
아버지의 '그 년'을 찾으러 가는 길이었다
'그 년'이 얼마나 고왔는지 키가 컸는지 화장이 짙었는지
억지로 손을 잡혀 나간 나는 보지 못했다

해쓱한 얼굴로 돌아온 후
다시는 그 복숭아 꽃빛 하이힐은 볼 수 없었지만
어머니는 흰 고무신을 수세미로 닦아 놓으라는
이야기도 더 이상 하지 않으셨다

내가 고무신을 닦지 않는 그 시간들로부터
무심하거나 혹은 무심하지 않은 일상이 되풀이 되면서
어머니는 새로 산 고무신을 남기고 가셨다

ㅁ ㅛ만 남은 말표 고무신을 뽀얗게 닦았다
어머니의 담배 냄새가 난다
고무신에 가만 발을 넣어본다

검지 손가락 하나 만큼이 남는다

어머니 · 4
- 유언

종잇장처럼 닳아빠진 금반지도 있었고
어머니 목에는 걸려본 적도 없었을 목걸이도
금값이 아무리 치솟아도 상관없는 물건도 들어 있었다

조그만 복주머니가 내게 남겨졌다
어머니의 유언이라 했다
유산도 아닌 유언이라니
속바지에서 한 번도 풀린 적이 없었을 옷 핀 하나와
고운 목단이 피어있었는데
향기대신 진한 어머니의 담배 냄새가 났다

손때가 반질한 붉은 색 복주머니를 열었다
마지막에 내게 전해달라던 말이
금붙이보다 서둘러 미어져 나왔다.
미안하다
미안하구나
미안……

성격 급한 조변호사

한줌의 재로 변한 큰 아들 앞에서
통곡울음을 아니하셨다
살아남은 사람들은 계절이 바뀌기 전
더 고생하지 않고 잘 갔다고
스스로 오래 애도하지 못함을 용서받았고
상실의 아픔 따위는 살아내는 것의 절박함보다 가벼워
아무도 노쇠한 영혼이 헐거워지는 것을 알아내지 못했다

오빠의 첫 기일이 오기도 전에
벗어놓은 신을 다시 신지 못하셨다
총기 좋고 언변 좋아 조변호사로 불리던 어머니는
단 한 마디 말도 없이 생을 내려 놓으셨다

온기 빠진 시골집에는
어머니가 삼키신 통곡소리가 발목을 휘감고
피 토하는 속울음이 울 앞까지 나와있었다

그 잘하시는 말로도, 통곡으로도
어찌 해 볼 도리가 없어 도저히 어찌 할 수가 없어서
급하신 성정대로 아들에게 달려 가셨다
신발도 신지 못하고 달려 가셨다

잃고, 잃다

밤마실을 나섰다가 길을 잃었다
뒤통수까지 에워싼 안개 속에서 잠시 망설였다
걸어왔던 길은 사라지고
새 길이 있는 것도 아니었다
오도 가도 못한 채 웅숭그리고 있다가 한 발을 떼어본다
허방으로 빠질 것만 같던 발은 어딘가를 디디고 선다
뒤돌아보니 숨소리조차 안개 속으로
사라지고 말았다
여기까지인가, 아무 것도 보이지 않는 곳에서
아무 것도 볼 수 없는 곳으로 걸어왔다
결국 여기까지인가
두려움이 뒷덜미를 잡는다
그렇다면 여기는 어디인가
주저앉아 버리는데
촘촘한 안개사이로 '둥둥 두둥둥' 법고소리다

툰드라의 순록들처럼

 시베리아 툰드라에 사는 순록들은 짧은 여름 동안 같은 시기에 교미를 하고 새끼를 낳기 때문에 생일이 모두 같다더라

 가족들 생일을 수첩에 적다가 네 생일에서 문득, 툰드라의 순록들처럼 가족들끼리는 생일이 모두 같은 날이면 좋을 텐데 하는 생각을 했다

 아이인 줄도 모르고 딸기밭에서 일을 하다 너를 낳게 되었다고 어머니는 말하곤 했다
 마른버짐이 피는 3월 초쯤 나는 중간체조 시간에 이마가 찢어져 피를 흘렸고 병원비 오천 원을 담임에게 건넨 어머니는 방에 들어가 피를 흘리며 너를 낳았다
 姓이 다른 네가 아장아장 걸을 때 나는 콩쥐가 되어 있었고 가난하고 남루한 날들로 이어지는 핍진한 세월이었다 어머니의 성정은 강퍅해졌고 나는 사춘기의 감성으로 봄비에도 허물어질 시기였다

 젖도 영양도 부족해 자주 열이 났고 같은 자궁을 빌렸지만 어디에도 속하지 못하던 너를 우린 자주 잊었다 아무도 없는 저녁 이불을 뒤집어쓰고 라면을 먹던 두려움과

외로움이 너무 가혹해 아무에게나 똑같이 말이 되어 나오지 않았던 네 언어들은 내겐 늘 편두통 같았다

　미역국 한 그릇 따뜻하게 덥힐 체온이 없었다
　어쩌면 우린 툰드라의 순록들인지도 모르겠다

　한 해 4,000킬로를 지치고 고단하게 이동하는 같은 운명, 우리 외롭고 아팠고 못 견디게 쓸쓸했던 기억들이 밀어닥칠 때는 차갑고 날 선 툰드라의 바람을 기억하자 얼음을 깨고 건너는 강 저편에서 젖은 몸으로 기다려주는 닮은 등에 기대 툰드라의 밤을 견뎌야 하는구나 하고 말이다

너희가 꽃이다

안드레아 보첼리의 음악을 들어본 적이 있니?

그는 보이지 않아서 상상할 수 있는 모든 아름다움을 노래하지, 너희들이 보고 있는 것보다 훨씬 아름다운 세상이 그의 검은 눈 속에 펼쳐지고 보이는 것이 전부가 아니란 걸 그는 열두 살에 이미 알게 되었다

아직은 가능도 불가능도 말 할 수 없는 나이인 너희들 앞에 다가 설 세상을 우린 아무도 알 수가 없다 심지어 세상 모든 일을 손바닥 위에 올려놓고 보셨던 할머니조차 모르고 가셨을 거야 하지만 어떤 순간이 오든 그것이 세상 전부는 아니라는 것을 기억해라 보이는 것이 어떤 것을 규정지을 수 있을 만큼 모두인 경우는 거의 없다 눈을 신뢰하지 마라

영화가 끝나고 엔딩크레딧이 올라갈 때까지 앉아있어 본 적이 있니?

영화의 진정한 시작은 엔딩크레딧이 올라가는 순간일 수 있다 그 순간이 네가 본 가장 훌륭한 장면일 수도 있음을 기억해라 조용한 기다림을 기꺼워해라 너희에게 주

어진 젊음을 과신도 과용도 마라 싱싱하고 푸른 날들은 충전기 없는 휴대폰 배터리 용량과 같다 혼란과 혼동으로부터 지혜롭게 벗어날 수 있도록 책을 읽고 음악을 듣고 여행을 떠나라 살다가 외로움이 깊어지는 순간에도 당황하지 않을 수 있는 웅숭깊은 내면을 가지도록 해라 죽을 만큼 사랑하고 아름답게 슬퍼할 수 있도록 해라

  사랑하는 조카들아
  미안한 말이지만 세상은 혹독하게 개인적이고 고립된 곳이다 너희들이 삶 앞에 맞서는 자세에 따라 세상이 너희들에게 대처하는 모양도 달라진다 열정을 다해 나름의 향기를 지닌 꽃으로 피어라 기꺼이 세상을 물고 돌아가는 힘찬 톱니바퀴의 한 축이 되어라

3부
힐링 개펄

은기리殷基里*

은기리에서는 밤에도 꽃이 핀다
춘열을 이기지 못한 배꽃이 밤에도 꽃잎을 터뜨린다
밤새 과수원에서는 황홀한 春情이 난무하여
대밭의 너구리조차 밤을 밝히고 만다

은기리에서 봄이면 꽃 멀미로 익사하는 사람이 있다
보이는 모든 곳이 꽃 바다 꽃 파도,
정신 차리지 않으면 복사꽃 아래에서 배꽃 근처에서
길을 잃은 채 익사하기 십상이다

은기리에는 그 봄을, 자글자글 끓어오르는 열을
모르는 척 딴 짓을 하는 사람들이 있다
화려하게 세팅된 배경 이제 곧 장면은 바뀔 것이야
애써 멀미로 어지러운 가슴 밑자락을 다독이며
짐짓 무심한 척하는 사람들이 살고 있다

내가 아는 은기리에는
 자칫 정신 줄을 놓게 만드는 지독한 봄을 이겨내면서 사는
 세상에서 가장 독한 사람들이 있다

*은기리 : 경북 김천시 어모면에 있는 아름다운 골짜기마을

보름

　은기리의 달은 소쩍새 울음만큼씩만 걸어간다

　꽃 진 자리 엄지손톱만한 열매를 오롱조롱 달고 있는 배밭을 지나 한 줌씩 솎아 고추장에 비벼질 열무밭을 지나 품으려던 알을 빼앗긴 암탉의 울을 지나 내가 죽고자 하는 이유가 너이었듯 살고자 하는 이유도 너일 수밖에 없다

　중얼중얼, 소쩍새 울음만큼 따라간다

　은사시나무의 떨림조차도 보여줄 듯 투명하고 창백하게 마을을 품어 안고는 알고 보니 은기리의 달은 제 모습은 감추어 둔 채 은근슬쩍 대숲을 빌어 마을을 한 바퀴 돌고는 뒷짐 지는 바람과 같은 패거리이다

　이제 봄은 잊어라 네가 보았던 봄은 더 이상 없다 백두대간을 걷던 바람이 계곡을 타고 내려와 마당에 앉은 안락과 나태를 훑어갈 때까지 기다려야 한다 다시 오는 봄은 생애 처음 만나는 봄일 것이다

　은기리의 달은 가난한 가슴에겐 너무 잔인한 황홀이다

하늘을 꿈꾸는 농부

허물어진 농로를 손보는 그의 등 뒤엔
체 게바라평전이 펼쳐진 채였다

개복숭아꽃이 나남산 계곡을 점령하기 시작하면
앵초, 산 괴불주머니, 동자 꽃이 오래된 마을의
주인 행세를 하고
배밭에서는 마른버짐 같은 가려움이
바람 냄새를 따라 하늘과 땅의 경계를 오가던
그의 발목을 잡는다

골목 어귀
품고 있는 것들의 영고성쇠를
같은 마음으로 지켜보았을 느티나무 아래
묵은 바람이 수런수런 저들끼리 봄을 모의할 때는
이미 텃밭의 작은 것들도 역모를 꿈꾸고
추풍령 바람을 잡아타고 하늘을 날아오르겠다는
마음을 접어야 한다는 것을 그는 안다

지독한 꽃 멀미를 견뎌내고 나면
봄에 지쳐 허기 진 꽃다지 따위는 안중에 없다
꽃 사태 속에서 살아남아
그는 다만 비상의 날을 기다린다

쉬는 법, 은기리

묵은 저수지에서
우렁이가 이끼로 덮인 제 무게를 이겨내느라
한낮 내내 자맥질하는 소리가 들린다
산미나리가 제 키만큼 향기를 채우는 동안
감나무 옆구리에서 뻐꾸기를 따라 온 바람이
머리카락 한 올 한 올 빠져나가며 빈 소리를 낸다

은사시나무 잎사귀가 작은 바람과 연애하느라
재갈재갈 배를 뒤집으며 웃는 소리로
배가 햇볕에 달게 속을 채우는 소리로
말벌 한 마리가 과수원 위 벌떼들을 평정하며 내지르는
사자후로 감꽃이 부끄러운 열망을 견디지 못하고
자글자글 떨어지는 소리로 온 동네가 소란스럽다

그 곳에 그저, 앉아 있기만 하면
백만 년은 됨직한 가슴 밑바닥의 퇴적층에
천천히 바람구멍 뚫리는 소리가 들린다

그 저수지에

새들이 산다
마애불이 무심한 눈빛으로 내려다보는
그 곳에서 초여름 한낮을 지낸다
간질간질한 솜털을 날리는 새알만한 복숭아도
달게 익은 오디도 곱게 주름 잡힌 꽃받침을 밀어내고
앙증맞은 향기를 날리는 감꽃도
막 모내기를 끝낸 할매네 논물 냄새가 나는 바람도
모두 거기 산다

산이 밤새 숲을 꼬드겨 아무도 몰래 저수지로 이사를
갔다

저수지는
시치미 뚝,
물결 한번 일렁이지 않는다

인연

감꽃 떨어지는 소리를 들으며
산딸기가 보석처럼 익었다
찬 개울물에 눈을 씻고
욕심껏 따내려다 기어이 피를 보고 만다

눈이 닿는 대로 지천이지만
상처없이 살진 단맛을 보는 일은
깊은 관심과 인내가 필요하다
농익어 침샘을 자극 할 만큼 영롱한 것은
살짝만 힘을 주어도 제풀에 단맛을 터뜨리고
아직 설익은 것은 어설프다

보이는 모든 것을 따 낼 수도 없고
보이지 않는 것들은 이미 내 몫이 아니다
꾀꼬리 한 쌍이 노란 크레용처럼
배롱나무 사이로 빗금을 긋는 아침 숲에서
햇살과 바람과 이슬을 품은
산딸기 몇 알을 조심스레 탐내본다

해돋이

고드름이 주렴처럼 매달린 고깃배 사이로
뜨는 해를 본 적이 있다
바람이 싸리나무 회초리처럼 아프고
눈과 바다 두 가지 세상만 존재하던 겨울

환희와 절망을 오가며 사랑을 앓던 겨울날이었다

가난이 얼어붙은 바닷가 마을
젓국 냄새마저 눈 속에 갇힌 길 끝에서
배들은 얼음도시의 나루터에 정박했고
만선의 어기漁旗는 고드름으로 투명해졌는데
그 영롱한 남루를 붉게 물들이며 떠오르는
해돋이를 본 적이 있다
아파서 붉게 운 적이 있다

힐링 개펄

세상의 모든 쓸쓸함을 쌓아놓은 듯한
흙의 지평선 위로 햇살이 눈부시다

썰물의 서해는 침묵하는 디바
침묵 안에서 영혼의 본질 속으로 다가가
환희와 두려움에 떨며 묵언으로 노래하는 아리아다
오래 전 이 곳 사람들이 꾸었던 꿈과
소멸조차 알아채지 못하게 서서히 붕괴되던 비루한 사랑의
역사와
지난至難했던 생활의 시간들이 차곡차곡 쌓이고 익어
영원 위에 화석처럼 단단해진 集積이다
그 침묵 위에 실금 같은 물길을 내
사소하고 여린 것을 품고 키워
새롭게 바다를 꿈꾸게 하는 젖무덤이다

무심한 시간의 반복은 풍경이 되고
상처로 누더기가 된 가슴으로도 쓰러지지 못하는
사람들이 지켜볼 수 있는 치유의 풍경이다

4부
이별에게 인사하세요

다시 사랑하기

사랑은 과거가 아니고
미래는 더더욱 아니라고 하지만
당신의 사랑은 지난 봄날의 매화
눈물 나게 아름다운 순간에
분분히 떨어지던,

슬픔은 말할 수 있는 것이 아니라지만
당신의 슬픔은 와르르
침묵으로 내게 쏟아지고

당신의 사랑 당신의 상실
고스란히 심장에서 심장으로
옮겨와
난,
외로운 자맥질 중

봄을 선물합니다

잃어버린 봄을 찾았습니다

그따위는 잊은 지 오래라는
당신의 사전에서 사라져 버린 봄을
내소사 대웅전 옆 마당에서 찾았습니다
한 잎 한 잎 떨어져 봄이 줄어들기 전에
가두어 두었습니다

암실에 고이 간직했던 봄을 이제 당신에게
선물합니다
박제되었던 봄은 당신에게로 가
비로소 잃었던 향기를 토하며 벌과 나비를
불러들일 것입니다

기억상실증에 걸려있던 당신의 뇌가
봄으로 깨어나고 당신이
세상에 처음인 것처럼 웃을 때
기지개를 켠 봄이 천지사방에
햇살 같은 꽃잎을 뿌리며 당신에게로 올 것입니다

당신에게
봄을 선물하고,

내겐
남은
봄이
없습니다

이별에게 인사하세요

무엇이 당신을 울게 합니까
꽃이 피고 지는 것을 함께 보지 못했다고
지나간 사랑을 애석해 하지 마세요
봄은 기다리지 않는 사람에게도 다시 오고
꽃은 울고 있는 사람의 등 뒤에서도
세상을 밝힐 것입니다

무엇이 당신을 잠 못 들게 합니까
다시 시작한 사랑이 떠나갈까
두려워하지 마세요
눈물을 거두고 손을 내밀어 보세요
한 걸음만 내딛어 보세요
늘 첫 걸음이 어렵지요
지금 내딛는 발걸음 당신을 향한 웃음
겨울 창의 햇살 같은 따스함을 기꺼이 안으세요

사랑은 샘물처럼 늘 새로이 차오릅니다

식상하고 진부한 사과謝過

애틋한 연민으로 아픈 가슴을 안아준 건
아름다운 습관이었을 뿐
백만 년 만의 따뜻함이라
오해하게 된 것 사과합니다
고요한 눈부처는
밤하늘이 담긴 것일 뿐
바위 같은 진심이라 내 멋대로
믿어버린 것 사과합니다

달콤한 말은 약속이 아니라
몸에 밴 오랜 친절이었을 뿐
바다 같은 받아들임이라 착각한
어리석은 나를 용서하십시오

상처도 아픔도 결국 잔인하게 내 것일 뿐
바위인가 바다인가 나무인가
당신에게 위안을 얻으려 했던
무지함을 용서해 주십시오

당신을 아프게
아프게 사랑해서 미안합니다

경래씨, 기필코 봄은 옵니다

당신에게도 무지개 같던 날이 있었겠지요
햇살은 빛나고 바람은 부드럽고 푸른 향기가
온 천지를 덮는 시간도 있었겠지요
아이들은 꽃처럼 웃고 그 웃음으로
당신은 배가 부르던 시간도 있었겠지요

성급한 매화처럼 사랑이 지고난 후
세상에 봄은 없다고, 꽃잎은 강물과 함께
더는 되돌아오지 못할 곳으로 가버렸고
나비가 날고 달디 단 꿀 냄새가 볼을 만지는
봄은 끝났다고 했겠지요

아이들은 여름 대나무처럼 싱그럽게 크고
봄은 그 때처럼 따뜻하고 아름답지만
당신의 심장 아래 얼어붙은 슬픔은 너무 단단해
그 얼음장을 뚫고 부득부득 올라오는
꽃눈의 가녀린 몸짓을 차갑게 외면하는군요

궂은 비 뒤 무지개는 더욱 아름답고
매화는 그 날처럼 향기로울 것을,
돌아서는 당신의 등에서 쩌-엉 젖은 눈이
얼어붙는 소리가 나네요

속리산 가는 길

몇 십번의 되풀이에도
기억되는 가을은 한 번 뿐
풍경은 오로지 마음에서 비롯되는 것
하늘은 높고 바람은 푸르고 산과 들은
빛나고 사람은 아름다웠다

전나무 향기는 두텁고 냇물은 투명하고
햇살은 단단했다
지름길은 한적했고
행복은 깊은 입맞춤을 해왔다
나는 힘껏
찬란한 가을을 껴안았다

편지

비겁하다고 이야기했던가요
사랑을 꿈꾸면서 이별을 말해야 하는
외로운 뒷모습을 봤겠지요

상처 없는 영혼은 없으니
상처를 두려워 말라고 혼잣말을 했던가요
얼어붙는 도시의 밤 한가운데서
혹시 사랑한다고 했던가요
사·랑·한·다 가 뚝뚝 고드름처럼 부러지는 동안
눈물을 속이며 거짓웃음을 보였던가요
이별이 두려운 것이 아니라,
사랑을 두려워하는 것인지도 모르겠다고
늪에 빠져 허우적거리면서도 당신 손을 잡지 못할
까닭모를 공포를 이해해 달라고 했던가요

행복은 늘 내 몫이 아니었으니
당신과 행복했던 시간들을 기억하지 않겠노라고
잔인한 생각을 했던가요
차마 우표를 붙이지 못한 편지를
당신에게 부쳤던가요

변辨

왜냐하면
당신을 너무 잘 알기 때문입니다
담배연기를 따라 가던 무거운 눈길
풍장을 마친 듯 창백한 바람

속삭이는 사랑의 말 뒤로 삼켜진 울음
뜨거운 입맞춤 속에 남아있던 혼란스러움
가슴이 뜨거워질수록 이별의 예감은
차가운 피를 수혈하듯 소름으로 일어나고
나를 안고 있는 당신 등의 눈물 냄새

사랑이 깊어질수록 당신은 외롭고
당신이 외로울수록 내 사랑은 길을 잃고
결국 우리는 굽은 등을 맞대고 아픈 사랑을
해야만 할지도 모릅니다

마주 안았던 뜨거운 심장이 식기 전에
당신 손을 놓아야 하는 이유입니다

5부
지리멸렬 일상사

겨울여행

 겨울여행을 떠나 본 적이 있습니까
 커피 한 잔으로 몸을 달래기 전까지는 잠도 추위도 몸에 달라붙어 무엇인가 명확하게 생각도 잡히지 않고 햇살이 오르기 전 뭐라 말 할 수 없고 투명하지도 않은 움직임과 구체적인 발자국이 생각나지 않는 그 어설프고도 묘한 설렘이 뒤섞여 흔들리는, 떨리는 아침을 맞아본 적이 있습니까

 아침이 아직은 어색하고도 멋쩍은 얼굴로 고스란히 가슴팍을 보이는 겨울 산의 자작나무이거나 혹은 떡갈나무 수피에 첫 햇살을 나누어줄 때, 그 순결한 반짝임을 본 적이 있습니까

 하얗게 얼어붙은 나무거나 잎이거나 풀이거나 그 볕뉘에 속살을 바르르 떨며 어제와 다른 바람으로 어제가 아닌 오늘 다시 일어나는 장한 깨어남을 본 적이 있습니까

 이제 좀 더 명징해진 시야로 멀리 들과 풍경들이 차츰차츰 제 그림자를 제 손으로 지워가며 빠르게 달려오는 길을 같이 달려 본 적이 있습니까

두꺼운 윗옷을 벗고 평화로운 음악을 들으며 얼음같이 날카로운 바람이 풍경을 가로질러가는 텅 빈 거리에서 고양이 가슴털 같은 나른한 위안을 느껴 본 적이 있습니까

 낯선 곳에 다다르기 전 커피도 바닥나고 허기가 몰려와도 두려움의 정체를 모르고 두려웠으나 막상 두려움은 내 속에서 스멀스멀 기어 나오는 것임을 알게 되고, 바로 그 때 보게 되는 낯선 곳의 익숙한 기억들

 겨울 아침 언 바람을 맞으며 낯선 풍경 속에 서서 언젠가 본 적이 있는 나를 만난 적이 있습니까

불면

피자조각처럼 잠이 쪼개졌다

봄숭어 맛을 비웃던 어린 애인이

사소한 일로 몇 십 년 우정을 저버린 친구가

다리를 절며 다다른 쉼터에서 듣던 산장의 김민기*가

집의 절반이 천왕봉을 향한 창이었던 지리산의 민박집이

개망초가 흐드러진 폐사지를 뒤덮던 아침 안개가

흔적도 없이 여름 바다로 투신하던 장맛비가

사랑하는 사람을 따라 더 사랑하는 아이들을 두고 간 오빠가

1년이 지나고 나서야 그 슬픔이 연기처럼 스며들던
어머니의 부재가 조각조각 밤을 나눠가졌다.

*김민기(1951년 3월 31일~)는 가수, 작곡가. 그가 작곡하고 부른 노래는 힘들고
지친 빈민층을 사랑하고 그들을 대변하는 곡들이 많다. 그의 노래 봉우리를 듣
는다.

맞선

눈동자를 따라가며 점수를 매기는 과정

조심스러운 설렘, 부드러워지는 시간을 기다리는
얼마간의 가식적인 웃음

이리저리 감정을 기울여 보는 줄다리기

허술하지만 아름다운 것들은 생략되고

마치 세상의 지난한 어떤 순간들을
같이 겪고 난 사람들처럼

시답잖고 무료하고 나른하기까지 한 어느 날

꽃의 전설

당신에게 개망초꽃을 닮았다고 했습니다
개자가 들어가는 것은 별로라고 당신은 웃었습니다
컴퓨터 배경화면 같은 계절에 어느 곳엘 가도
우연히 만나 곧 익숙해지는 꽃
고적하고 쓸쓸한 곳에서도 얼마나 어울리게
쓸쓸한지 알게 되는 꽃
알고 보면 농사를 망치고 나라를 망친다고 모함도 받던
너무 흔하고 너무 많은 표정을 가진 꽃말입니다

당신은 내게 흰명자꽃을 닮았다고 했습니다
명자라는 이름이 촌스럽다고 내가 웃었습니다
장수매로도 불리고 향도 아름답지만
은장도를 숨기고 있는 꽃입니다
가지가 자라면서 가시로 변한다는 것을 당신은 알고 있었나요
당신이 맞았습니다
은장도는 당신을 찌르고 내게도 상처를 남겼습니다

장맛비가 빈 터에 빼곡하던 여름의 폐사지
개망초꽃과 흰명자꽃의 이야기는 전설이 되었지만
그 곳 음우霪雨 속에서 애잔하면서 슬프지는 않게
풍경을 지켜내는 당신을 보았습니다

흔적

보호자를 대동하라는 의사의 권고에
심장 한쪽에서 덜컹 소리가 났다
오래전 앓았던 궤양이 그대로 흔적이 되어
나와 더불어 살아냈던 모양이다
상처는 이미 찢어져 아귀가 맞지 않는 옷감처럼
깁고 기워도 새 것이 될 수는 없어
무엇으로도 감쪽같이 새 것을 만들 수 없다면
짠 물에 닿는 상처 아픔은 아픔대로
보고 있을 수밖에……,
보호자 없습니다

나잇값은 무료

대책 없이 값도 모르는 나이를 먹어가는 동안
그들은 얼마나 많은 것들을 나잇값에 더했을까

세상 속에서 지켜내야 하는 것들,
가슴시린 사랑 기쁨 신뢰 순수한 눈빛,
상념이 아니라 승진과 아파트 평수와 통장잔고가
내게 묻는 나잇값이라면
내 나잇값은 무료다

한 번도 값을 매겨보지 못하고
청맹과니로 숫자만을 더해
하릴없이 무거운 나이를 짊어진 내가
때로 고꾸라질 듯이 벅차다

그들이 요구하지 않더라도
내게 아무것도 줄 수 없는 무능력한
나이를 가진 게 나는, 때로 절망스럽다

구절초

뛰어내릴 수 있는 창문까지 몇 걸음이 소원이었고
마흔 넘도록 내소사 전나무 숲을 걸어본 적 없어
마음 내려놓을 곳이 없었다는
서늘한 눈빛을 가진 오랜 병상의 친구와

그 숲길을 스무 번이 넘게 걷고도
마음 부려놓을 곳을 찾지 못해
우물 속같이 깊고 어두워진 내가

덧칠한 검정 크레파스를
한 움큼씩 긁어낸 그라타주 같은 별밭에 서 있다

밤은 저 혼자서도 푸르게 깊어 가는데
여린 늑골사이 녹슨 거푸집에선
하얗게 별을 닮은 외로움을 찍어내고 있다

슬픈 상숙이

넌 세상에 태어나서
한 번도 울어본 적이 없는 얼굴을 하고 있다

있는 듯 없는 듯 살다가 간 듯 만 듯 가는 게
생의 목표라고 담담하게 말하는 낮은 목소리에
내 가슴 겨울 강에 금이 가고 만다

고운체로 걸러낸 듯 눈물이
반짝이는 골을 따라 흘러내리는 동안
너무 깊고 단단해
어떤 발자국도 거짓말처럼 감출 수 있는 오래된 개펄로
네 안에 차곡차곡 쌓이고 있는 슬픔

아프다고 말할 수 있을 때는 아직 아픈 것이 아니고
소리 내어 울 수 있을 때는 차라리 슬픈 것이 아니라고

뽀얗게 개켜진 손수건 같은 얼굴을 하고는,
비오는 저녁바다처럼
아득한 눈으로 너는 말하고 있다

울 수 있어 좋겠습니다

팔씨름으로 아들에게 지는 날
모두 내려놓고 떠나겠다고 말하는 그는
훈련교관으로 악명을 떨치던 해병대 중사 출신이다

아직은 어린 아들과 노모의 인연 줄을 놓지 못하는
연민으로 먹물 옷이 무거워 어깨가 짓눌리지만
전공은 영가靈駕들의 천도薦度를 돕는 일이고
부전공은 막걸리 먹는 일이라고 담담하게 말하는
그는 삭발 승이다

머리카락을 밀어내고 납의를 걸치고
가슴 밭이 타들어가도록 속울음을 참아내며
게송을 외는 시간, 건장한 사내의
아내는 떠나고 아들은 어리고 젊은 날들은
납덩이처럼 무겁고 어두웠다
운명은 제 힘으론 벗어날 도리가 없는 쇠사슬 같았고
세상은 그를 향해 웃지 않았다

팔씨름에서 이긴 아들은 제 몫의 세상을 살아낼 터이고
그러면 바람 따라 운수납자의 바랑을
짊어지겠노라고 허술하게 웃으며

막걸리 사발을 들던 그가 독백처럼 한 마디 던진다

마음껏 울 수 있는 사람들은 참 좋겠습니다

문득

어머니처럼 살고 싶지 않은 것만이
이유는 아니었다.
사랑 없이도 결혼하고,
아이를 낳고도 헤어지고,
헤어지고도 미워하고

사랑의 끝이 결혼은 아니라는
말 때문은 더더욱 아니었다

가난한 친구의 옥탑방
폭포처럼 쏟아지던 햇살에 흰나비처럼
뽀얗게 말라가던 아이의 기저귀를 본 날
조금 이른 아카시아 향이
복숭아같은 아이의 엉덩이 냄새처럼
눈이 감기게 향기롭던 그 날
젖을 문 채로 아이의 보석 같은 웃음이
내게로 향하던 오월 어느 날,
결혼이 하고 싶었고
결혼이 무서워졌다

지리멸렬 일상사

해를 보며 출근하고
해를 보며 퇴근한다

서에서 동으로 동에서 서로
달리는 차들의 꽁무니에서 하루가 시작되고
그 뒤꽁무니에 매달려 하루를 접는다

반쯤은 뇌가 사라진 것 같아
세상이 비현실적으로 보이는 날에도
해무 낀 바다같이 모호한 슬픔이
정수리 끝까지 차오르는 날에도

개망초가 애잔한,
폭우에 해바라기 목이 꺾이는,
꽃양귀비가 사무치게 타오르는
그 길에서 그 길로
오고 간다

무서운 동화

어둡고 좁은 터널을 지날 때마다
심장박동이 빨라지고 식은땀이 나고
동공은 커지고 머리카락은 곤두선다

혼자 남은 집에 불이 난 어린 겨울날에
고스란히 두 눈에 일렁이던 불꽃과
집어 삼킬 듯한 열기일까
홍역으로 열꽃이 핀 채
윗목으로 밀쳐져 덮인 이불속 숨 막히는
어둠과 낡은 다다미방 냄새일까
내 어린 날의 동화는 온통 공포와 긴장과
예각으로 날선 두려움이었다
그것은 겉을 옭아매는 사슬이 되어
온 몸을 칭칭 동여매 숨도 쉴 수 없고
눈동자조차도 얼어붙게 만들곤 한다

납득되지 않는 공포를 때때로 마주해야 할 때
인생의 어느 날 도저히 받아들일 수 없는 슬픔이나
상실의 순간처럼 무기력이 찾아든다
동화는 아직 끝나지 않은 것일까

밝고 넓은 길은 있을 것인가
수시로 숨통을 조이는 사슬을 끊어 내는 날
어린 날의 다다미방과 루핑지붕과 바다
도루묵알과 셰퍼드 복이와 공동수도와 물지게가
곱게 채색된 그림 동화의 한 페이지가 될까

스물 셋, 그때

동네 초입에 있는 다방에서
주인집 아들을 가르치고 커피를 만들고
스콜피온스를 들었다
변화의 바람*이 불었지만 우리는 추웠다
마지막 손님까지 가고
새어머니에게 미움을 받던 후배가 신데렐라처럼
잠자리를 찾아 들어왔다
안으로 셔터를 내리고
의자를 맞붙이고 나면
셔터문 아래 연탄집게 밀걸레
연약한 몸뚱이를 지켜줄 거라 믿는
허술한 물건들을 늘어놓고는
하루 일들을 묻고 햇살처럼 웃고 겨울비처럼 울었다
어둡고 습한 지하다방의
셔터문 사이로 스물 셋의 웃음이 새어나가
밤길의 취객 사이로
다른 스물 셋들의 나이트클럽으로
따뜻한 창문 사이로
밤새 허정거리며 돌아다니는 사이
맞붙인 긴 의자에서 새우잠을 자는 우리는

차가운 강물을 건너는 꿈을 꾸었다
너무 아름다워 슬픈 나이였다

*Wind of change : 독일 그룹 Scorpions의 대표곡 중 하나. 1989년 모스크바 방문시 영감을 받아 만든 냉전의 종식과 소련의 개방을 축하하는 노래.

졸업식

딸이 대학시험에 떨어지길 빌었다고 했다.

다다미방 한 켠
신열을 이기지 못해 까무룩히 꺼져가는
어린 여동생의 한 끼 밥을 벌러
겨울 부둣가로, 신흥도시의 공장으로
신문팔이로 구두닦이로 아이스케키를 외치며
무능력한 아버지를 대신했던 아들들에게
못내 미안한 마음이려니,

실낱같은 목숨 아슬아슬하게 부지해
학사모를 쓴 동생을 끌어안고
서러운 눈물바람을 하는
배우지 못한 오라비들을 바라보던
어머니는 눈물도 표정도 없었다

바람 탓인 양
치맛자락을 잡으려 황급히 뒤돌아섰을 뿐

6부
숲이 되고 싶다

첫 발자국

밤새 눈이 내렸다

뒤척이는 잠을 버리고

아무도 밟지 않은

새벽 눈을 쓸었다

고된 비질 끝 선연하게

누구에게도 숨기지 못할

뽀드득, 첫 발자국

또렷한 아픔

화순, 고인돌

침묵하고 있다고 사랑하지 않는 것은 아닙니다
아주 오래 전 서로를 그리워하지 않아도 되던 때부터
내 사랑은 천천히 켜를 이루며 당신께로 향했습니다

침묵하고 있다고 기다리지 않는 것은 아닙니다
저 지구의 가운데 어디쯤서 소용돌이치고 있는 마그마처럼
뜨겁게 용솟음치는 언어들은 당신께로 조용히 흘러
나무가 되고 바람이 되고 돌이 되었습니다

침묵하고 있다고 당신을 잊은 것은 절대 아닙니다
새벽안개가 허리를 휘감고, 푸른 하늘빛이 정수리로부터
고요히 스며드는 시간이면 나는
쿵 쿵,
마른 심장을 두드리며 당신 그림자를 맴돌고 있습니다

로터리

여행지 밤길에 들어선 로터리
나갈 곳을 찾느라 여러 바퀴를 돌았다
결정이 더딜수록 혼란은 두께를 얹는 법
한 길을 찾아 나서야한다
그러나 그 길은 내가 찾던 길이 아니었다
헤매다 다시 로터리로 찾아들었다

시작은 언제나 다시 할 수 있다
로터리는 기회를 주었고
드디어 제대로 길을 찾았다
이제야 눈에 훤히 보이는 길
너무 익숙해 눈에 뜨이지 않던 풍경의 한 조각처럼
당신에게 가는 길이 다시 거기 있다

지친 독백

찬 비에 우산이 내 쪽으로 기운다
그의 어깨가 젖고 내 어깨도 젖는다

나를 젖게 하는 건
몰아치는 바람과 비가 아니라
치열할수록 아득해지는
당신과의 간격에 가득한 그리움인 걸

젖은 것들은 무게를 이기지 못해 다시 가벼워지고
가벼워진 것은 잠과 함께 풍화되어
불면으로, 기척 없이 다가서는 새벽과 맞닿는다

아흔 살의 사비오*가 아침 햇살을 바라보며
이렇게 외치고 있어
진정한 사랑의 경이를 맛보기 전엔 죽지마라

멀리서 남자 1이 박수를 치지
브라보!
사랑이란 어쩌면 인생의 가장 마지막에 주어지는
치명적인 사소함일까

비가 그치고 눅진한 공기만 남은 채
두통이 몰려온다

*덴마크 감독 헤닝카슨의 2011년 작품 「내 슬픈 창녀들의 추억」의 주인공. 사비오는 90살 생일에 만난 풋풋한 처녀에게 생애 처음으로 사랑을 느끼면서 자신의 늙음과 목전의 죽음을 괴로워한다.

숲이 되고 싶다

네가 나무였으면 했다
너의 흰 손을 잡고 내가 숲이 되었으면 했다

햇살이 퍼지기 시작하는 겨울 아침
여행길에서 처음 만나는 서러운 자작나무였으면 했다
하얀 수피에 지워지지 않는 타투 Tatoo 하나쯤
새겨 넣고 사무치게 그리움을 견뎌내는 나무였으면 했다
바람이 닦달하는 언덕 위
소나기를 몰고 올 검은 하늘이 눈썹만큼 가까워질 때
기다림으로 한 발짝 앞서 나선 아이처럼
한여름 마음 바쁜 은사시나무였으면 했다
가느다란 바람무늬에 박장대소하고
얇은 비에 쓰라림을 삼키고
선 채로 흔들리면서 기도하는 나무였으면 했다

그런 너를 붙안고 숲이 되었으면 했다

뷰파인더를 보며

비안개가 내려앉는 대웅전 터에 쪼그리고 앉아본다
내가 지독하게 앓았던 것은
상실이라든가 연민 또는 닿을 수 없는 손짓 따위였는지도
안개는 순식간에 반만 남은 대웅전 계단을 내려가 쌍사자석등을 에워싼다
가끔씩 명치끝을 아프게 죄이며 생각나는 내 사랑은
불현듯 아쉽고 안타까워지는
잃어버린 손가방이나 보석, 그런 것이었을지도
간밤의 폭우가 미진했는지 비가 듣기 시작한다
깊은 안개가 빗소리를 감추고 적막이 발목을 잡는다
파인더에 부딪친 빗방울만이 뚝뚝 생채기처럼 선명하다
20도쯤 기운 반쪽짜리 비천상을
그만큼 고개를 기울여 바라보며 젖은 개망초 사이를 걷는다
말하자면, 사랑을 다시 해봐야만 할지도 모른다는 것이다

사랑을 믿느냐고 묻는 말에 대하여

꽃다발에 화려하게 숨겨져 있는
거짓과 배신, 잔인함의 칼날을 알고 있다
가혹한 파급력에 대해서도
그것이 가져올 수 있는 맹목과 희생
논리의 부재 또는 황당한 믿음 따위를 알고 있다

달콤한 키스 뒤에서
벌어지는 오해와 편견과 교만의 만행 또는
비겁한 뒷걸음질을 모르고 있지 않다

그럼에도 불구하고
사랑을 의심해 본 적이 없다
눈물 나는 배반의 순간에도 황홀하게 빛나는
한순간의 떨리는 진심을 믿는다

사랑을 믿는다

상사화

그리움이 그리움인 줄 몰랐습니다
그렇지 않고서야 어찌
눈물의 진원인 당신을 만나지 못하고도
자지러지는 햇살 아래 진홍빛 선연하고 맑게
홀로 빛날 수 있겠습니까

사랑이 사랑인 줄 몰랐습니다
그렇지 않고서야 어찌
찬바람 가시지 않은 산길에 서둘러 잎을 피워내고
당신이 돌아오기도 전 홀연히 스러질 수 있겠습니까

당신이 가는 곳을 알지 못하고
내가 오는 곳을 알지 못하니
바람처럼 가볍습니다

당신과 내가 태초의 바람으로도
스친 적이 없어 그리움인줄도 사랑인 줄도
모르고 덧없이 홀로 오고 홀로 가니
이쯤 되면 이별도 깃털 같은 사소함입니다

우선멈춤

그만 되었다
이쯤에서 멈추자

간단없이 오르내리던 감정의 일상, 눈물과 욕망
내릴 곳 없던 사랑의 몸짓 미열의 시간들
우선은 멈추어야 한다

짙은 구름이 걷히고
다시 답 없는 애달픔
집착이나 낯설음 그리고 되풀이되는 애증이
뒷목을 잡는 두통처럼 힘겹게 시작될지라도
지금은 멈추어야만 한다

장마로 끊긴 도로 둔치 위로
아프게 와 박히는 표지판 하나
S·T·O·P

■ 작품평설

사랑과 언어를 찾아 떠난 구도求道의 길

■ 작품평설

사랑과 언어를 찾아 떠난 구도求道의 길

이 규 식

문학평론가
한남대 프랑스어문학과 교수

    2008년 7월 펴낸 학명란 시인의 첫 시집 『내 사랑이 내게 복수하다』는 여러 감성을 자아내는 독특한 푸른색 계열의 표지와 상징적인 디자인의 느낌만큼 인상적인 작품들로 구성되어 있었다. 어찌 보면 지나치다 싶을 만큼 자신의 삶의 궤적과 내면, 의식의 여정을 솔직하고 감각적인 언어로 형상화하면서 시인으로서 세상을 향하여 던지는 개성적인 음색의 메시지 또한 인상적이었다. 작품과 글을 쓴 시인이 최대한의 근접을 이루는 흔치 않은 예를 보여준 것이다. 그러므로 그 목소리는 대단히 진솔했고 시상의 전개는 시인의 감각이 자아내는 고유한 리듬을 타고 독자에게 공감대를 이루며 다가갈 수 있었다. 시적 형상화 과정에서 어느 정도의 픽션과 적절한 상상의 개입이 필요하지 않았을까라는 지적도 있을 수 있으나 적지 않은 기간 나름의 수련기를 거쳐 펴낸 첫 시집으로서 만만치 않은 내공은 인상적이었다. 그리고 자신을 송두리째 드러내 보이는 시작품에는 그만큼 세상을 향하여 하고 싶은 말이 적지 않았을 것이다. 인간과 삶, 사회를 향하여 던지는 화두가 작품 행간에 직접적으로 더러는 상징에 힘입어 나타났다.

  첫 시집을 내는 신예 시인으로서는 과감하게 과거를 송두리째 드러내면서 지난 시간 소소한 가족사로부터 자신의 내면적인 떨림, 절망, 새로운 눈뜸에 이르기까지 저간의 의식과 감성으로부터 벗어나려는 일종의 번제燔祭를 올린 것이다. 번제란 구약 시대에 안식일 또는 매달 초하루와 무교절, 속죄제에 짐승을 통째로 구워 제물로 바치던 제사나 서로 번갈아 가며 드는 차례나 순번을 의미한다. 그 시절 짐승으로 바치던 제물 대신 시인은 자신이 갈고 닦은 시어, 자음과 모음으로 이루어진 정갈한 언어를 제단에 올린 것이다. 그리하여 그간 내면에서 소용돌이치던 기억과 고통, 절망과 낙담 그리고 이러저러한 기억의 그림자를 밖으로 끌어내면서 담담하게 명상하고 털어내는 가운데 관조의 차원으로 승화 시킬 수 있었다.

  물론 첫 시집인 만큼 더러 생소한 설정이나 공감을 크게 확보하기 어려운 시구, 상상의 비약을 잡아당기는 껄끄러운 대목도 있었을 것이다. 그 과정을 거쳐 이제 펴내는 두 번째 시집에서는 처녀시집과는 확연히 구별되는 차분하고 안정적인 정조情調와 긍정의 시선의 무엇보다 두드러진다.

사랑의 눈으로 세상을 보다

「사랑」에 관한 시편은 그러한 시인의 정서를 보여주는 단초가 된다. 사랑은 언제나 신선한 영감과 자양분을 공급하면서 새로운 감성과 인식을 그려내는 문학의 핵심테마로 존재한다. 어디 문학뿐일까. 모든 예술이 사랑이라는 젖줄에 연결되면서 인류문화사를 비옥하게 장식해 오고 있는 까닭에 사랑의 변용, 사랑을 매개로 한 예술창작의 가능성은 여전히 무한대로 뻗어있다. 학명란 시인은 이 시집에서 사랑은 아름답게 묘사하며 그 순수성, 가능성 그리고 미답의 순결을 간결하게 노래한다. 8행이라는 짧은 시행에 담긴 단장短章의 호소력은 괄목할 만하다.

> 밤새 눈이 내렸다
> 뒤척이는 잠을 버리고
> 아무도 밟지 않은
> 새벽 눈을 쓸었다
> 고된 비질 끝 선연하게
> 누구에게도 숨기지 못할
> 뽀드득, 첫 발자국
> 또렷한 아픔
>
> —「첫 발자국」 전부

빼어난 작품 중 하나인 이 시편은 의성어 같이 공감각을 이루는 청각적 언어차용에 힘입어 선명한 풍경화를 그리며 마음의 정경을 고스란히 이입하는데 성공했다. 진부하지만 결코 저버릴 수 없는 사랑의 테마는 「다시 사랑하기」 연작에서도 다양하게 개진된다. 그 과정에서 시인의 의식은 어찌 보면 수동적일 수도 있고 다르게 본다면 대단히 진취적이고 역동적인 반응을 나타낸다. "……. 당신의 사랑 당신의 상실 / 고스란히 심장에서 심장으로 / 옮겨와 / 난, / 외로운 자맥질 중(「다시 사랑하기」 부분)"이라는 대목처럼 일견 물러나 있는 듯 하지만 언제든지 중심을 향하여 나아갈 수 있는 적극적 의지를 보여주는 것이다. 이런 의미에서 「상사화」는 사랑을 노래하는 시편에서 빠지지 않는 주제이건만 그 절실성으로 진부함의 굴레에서 벗어난다. 그러므로 이런 사랑의 표현에서는 늘 가벼운 자유로움이 수반된다. 여기서 가볍다는 의미는 소홀함이나 애정강도의 미흡이 아니라 사랑을 향해 보내는 정서의 순수함과 경쾌함에 치중한다.

> 그리움이 그리움인 줄 몰랐습니다
> …….
> 사랑이 사랑인 줄 몰랐습니다
> …….
> 당신이 가는 곳을 알지 못하고
> 내가 오는 곳을 알지 못하니
> 바람처럼 가볍습니다
>
> — 「상사화」 부분

학명란 시인의 시에서 보는 사랑의 의지는 여러 층위의 가능성을 나타낸다. 프랑스 낭만주의 시인 알프레드 드 뮈세의 걸작 「밤」 연작시편 4편 가운데 특히 「5월의 밤」에 등장하는 뮤즈와 시인의 대화가 연상된다. 시인은 사랑의 고통에 겨워 신음하면서 시를 쓰지 못한 채 창작의욕이 꺾여있다. 뮤즈는 이런 시인을 향하여 권유한다. 풍요로운 결실의 모태가 되는 창조 또는 충일로의 가능성을 시인에게 제시하려 한다. 시인의 계속되는 소극적인 자세에도 불구하고 뮤즈는 창조적인 상상력을 일깨우는 노력을 게을리 하지 않는다.

> 위대한 고통 말고는 아무 것도 우리를 그처럼 위대하게 만들지 못해요.
> 그러나 고통에 상처받기 위해 이승에서
> 말없이 있어야 한다고는 생각하지 마세요, 오 시인이여.
> - 알프레드 드 뮈세, 「5월의 밤」 부분

「이별에게 인사하세요」에서의 1, 2연 첫 구절 "무엇이 당신을 울게 합니까……. 무엇이 당신을 잠 못 들게 합니까."는 정공법으로 사랑의 표현에 적극성을 보인다. 여기서 당신은 물론 시인이 지칭하는 청자이기도 하고 시인 자신을 향한 독백의 개념일 수도 있다. 뮈세의 「5월의 밤」에서 뮤즈가 시인을 위무하며 던진 사랑과 창조, 소생의 권유는 사랑은 늘 샘물처럼 차오른다는 낙관적인 믿음으로 인하여 힘을 얻을 수 있었던 것이다.

은기리에서 노래하는 봄

은기리는 어디일까. 시인은 시 말미에 은기리가 경북 김천시 어모면에 있는 아름다운 풍광의 골짜기 마을이라는 설명을 붙이고 있지만 이런 세부지명은 그다지 의미가 없을지도 모른다. 이 시집에서 시인이 공들여 완성한 「은기리」의 무대는 앞에서 본 시인의 긍정적 정서, 세상과 사랑을 향하여 열려있는 공감의 의식을 집약하여 형상화하는 공간으로 나타난다. 은기리에서 시인은 즐겁다. 가벼운 흥분상태에 있다. 「은기리」 시리즈에서 시인은 시 창작에 있어 절제와 압축의 미덕을 잠시 내려놓게 된다. 설명적 묘사가 조금 길어지고 화자를 향하여 할 이야기가 많아지는 모양이다. 아름다운 곳을 보았거나 재미있는 영화를 보고 친구들에게 들려주는 물색없는 이야기 한 보따리, 이야기의 실타래가 거기 펼쳐진다.

 은기리는 그러므로 시인이 꿈꾸는 이상향이거나 다다를 수 없는 황홀한 장소로 나타난다. 샹그릴라인가, 무릉도원일까 아니면 바로 시인이 발 딛고 사는 삶의 현장으로 그려지기도 한다. 아마도 시인이 가보았던 골짜기 마을의 기억 혹은 자주 찾는 은밀한 자신만의 공간 은기리는 그 이후 시인의 감성반경 속에 자리 잡고 확대와 단장, 미화와 벅찬 황홀의 리듬을 증폭시켜주었을 것이다. 은기리에서 시인이 무엇보다 먼저 찾아낸 것은 '봄의 힘'이었다. 밤에도 꽃이 피고 대밭의 너구리들도 밤을 밝히고 있는 곳, 봄철이면 꽃멀미로 익사하는 사람도 있다고 한다. 정신줄을 놓게 만드는 지독한 봄을 이겨내면서 사는 세상에서 가장 독한 사람들이 있다는 은기리는 그러므로 얼핏 보면 '갈 수 없는 나라'이고 거기서 '노래할 수 없는 노래'를 부를지도 모른다.

 현실의 잡답함과 비속을 벗어나 은기리에 이르면 지금까지의 봄을 모두 잊고 늘 생애 처음 만나는 봄을 맞이할 수 있기 때문이다. 그러므로 은기리의 달은 가난한 가슴을 가진 자에게는 잔인한 황홀이라는 것이다. 시인의 예민한 관찰력과 감수성은 은기리의 네 계절, 특히 봄철에 편향된다. 은기리를 둘러싼 자연환경과 하루 스물 네 시간 예민하게 서정의 물꼬를 트고 있다.

 말하자면 서정의 힘, 바라고 염원하던 이상적인 공간으로서의 은기리는 이렇듯 현실과 상상의 간극을 자유로이 넘나들며 시인이 바라는 인연의 현장, 관계망의 전범으로 자리 잡게 되었다. 「은기리」 시편에서는 다소 장황한 설명과 세세한 묘사가 적지 않게 드러난다. 시인이 공들여 구축한 조탁과 절제의 미덕이 은기리에서는 다소 느슨하게 이완되는 것이다. 그만큼 은기리를 생각할 때, 은기리를 노래할 때 시인의 정서와 내면은 활성화되고 거기서 얻은 감흥은 확장된다.

> 보이는 모든 것을 따 낼 수도 없고
> 보이지 않는 것들은 이미 내 몫이 아니다
> 꾀꼬리 한 쌍이 노란 크레용처럼
> 배롱나무 사이로 빗금을 긋는 아침 숲에서
> 햇살과 바람과 이슬을 품은
> 산딸기 몇 알을 조심스레 탐내본다
>
>   - 「인연」 부분

 화려하고 풍요로운 은기리에서 정작 시인이 마주한 것은 소박한 산딸기 몇 개에 지나지 않는다. 시인은 은기리에서 다만 내면의 충만, 함께 나누고 싶은 봄의 축복을 만끽하며 보이지 않는 것들은 이미 내 몫이 아니라는 절제와 비움의 미덕을 깨우쳤던 것이다. 이런 정진, 수행의 자세는 학명란 시인이 이번 시집에서 공들여 천착하는 '언어를 향한 구도求道'라는 지표로 연결되면서 사랑의 눈으로 세상을 볼 수 있는 단초를 마련해줄 수 있었을 것이다.

말과 소금, 언어를 찾아서

학명란 시인은 뛰어난 사진작가인 동시에 전국 각지 경관이 아름다운 지역을 탐사하는 여행가로 활동하고 있다. 예민한 감성과 심미안으로 포착하는 대상은 그의 카메라 앵글을 통하여 새로운 형상으로 거듭 탄생한다. 사진으로 형상화 한 詩인 셈이다. 이미 여러 차례의 사진동인전과 단체전을 통하여 개성 있는 사진예술을 선보였거니와 부지런히 발품을 팔아 떠나는 답사는 그의 시창작의 원천이 되었으리라는 것을 짐작할 수 있다. 앞에서 언급한 은기리 마을도 아마 그러한 여정에서 찾아낸 보석 같은 공간이었을 것이다.

카메라를 메고 발 디디는 곳 마다 시인은 거기서 새로운 언어와 그 조합을 찾아낸다. 순례자가 성지를 향하여 멀고도 험난한 길을 마다않듯이 시인은 세상 곳곳을 탐사하며 거기서 사람, 사회와 삶, 느낌과 생각을 표현하는 '말'을 찾아내는 존재여야 한다. 기행이라는 개념은 주로 공간탐방에 활용되지만 결국 본질적으로 인간탐구에 귀결된다면 이 시집에 수록된 상당량의 시편들은 낯선 여행지에서 시인이 마주한 시간, 공간 그리고 인간에 대한 성찰의 기록으로 읽힌다. 고단한 나그네 길이지만 발 닿는 곳의 정황을 상세히 묘사하고 이 과정을 통하여 삶의 속성을 짚어내고 있는 것이다. 생소한 곳 일수록 생각과 명상, 관조의 농도는 깊어진다. 언어를 찾아 길 떠난 구도의 메시지가 거기 펼쳐진다.

> 시작은 언제나 다시 할 수 있다
> 로터리는 기회를 주었고
> 드디어 제대로 길을 찾았다
> 이제야 눈에 훤히 보이는 길
> 너무 익숙해 눈에 뜨이지 않던 풍경의 한 조각처럼
> 당신에게 가는 길이 다시 거기 있다
> — 「로터리」 부분

일상의 한 페이지처럼 익숙하게 다가오는 敍事지만 이 한 연의 시행에서 시인이 찾는 삶의 진정성과 언어의 염결성에 대한 구체적인 윤곽이 비로소 드러난다. 이 대목에서 로터리가 의미하는 상징은 새겨볼만 하다. 외면적으로는 단순히 반복되는 공간 또는 장치로 보이지만 로터리의 의미심장한 구조와 기능 그리고 로터리를 통하여 체험하는 의외성은 시인이 걷고 있는 언어의 구도과정의 요체를 중요한 부분을 드러내고 있다. 불과 이십 여개의 자음과 모음으로 이루어진 언어의 각 구성요소들이 각기 다르게 조합되어 형성하는 언어의 마법세계는 미술에서의 색채, 음악에서의 선율과는 다른 차원의 탐사대상이 된다. 로터리를 따라 돌며 길을 찾는 가운데 다시 진입할 경로를 모색하듯이 시인은 자음과 모음을 활용하여 거듭 조탁하며 '말'을 탐구한다.

「4월에 내리는 눈」에서는 보리암이라는 암자가 모티브로 원용되면서 시인이 추구하는 '말과 언어'에 대한 입장을 피력

하고 있다.

> 나무들이 두런거리고 있었다.
> 공양간 가마솥에선 첫 눈물이 터지고
> 우산을 꺾으며 바람이 부는 풍경은 다소 서사적이었다
> 숲은 웅성거림으로 당황스럽고
> 나무들은 제각기 붉은 눈으로 일어섰으나
> 아직은 아무도 입을 떼지 못한 채였다
>
> 길의 끝은 바다로 향하고
> 해수관음의 흰 옷자락은
> 마을로 걸어갔다
> 검푸른 바다로부터 비린내를 품고
> 치솟아 오르는 거친 바람만이
> 아직 말을 이루지 못한 언어를 알고 있었다
>
> ―「4월에 내리는 눈」 전부

 이 시집에 수록된 여러 시편 가운데 가장 눈에 띄는 작품 가운데 하나로 꼽을만한 이 작품은 시인이 추구하는 언어의 속성, 수준, 격조 그리고 종국적으로 지향할 시 세계의 윤곽을 형상화하고 있다. 짧은 분량의 시행으로 시인의 사명 자연과의 교감이라는 중요한 명제, 영감의 원천과 느끼는 방법의 쇄신 같은 시 창작의 중요 개념 그리고 서사역량에 이르기까지 폭넓은 관심사를 압축하여 표현하고 있다. 시인은 우주 삼라만상의 미세한 기미機微와 울림을 남다른 감성과 직관으로 포착하여 독자들에게 들려주는 언어, 비의의 해독자라는 현대시학의 원리에 충실하다. 나무들이 흘려보내는 알

수 없는 웅얼거림에서 세상의 신비로부터 미세한 일상사에 이르는 온갖 '말'의 원형을 찾아내고 각고의 노력으로 해독에 성공한 다음 그것을 다시 시인자신의 언어의 틀에 녹여 부어 나름의 시적 형상화에 매진한다는 전통적인 시의 본령에 충실해 보인다.

 그러한 시인의 해독작업을 누구든지 이해하기는 어렵다. 시인의 정서반경에 근접하려는 최소한의 노력과 의지가 관건이 되는데 이와 함께 시인이 선택한 언어, 말의 속성과 이해도 역시 영향을 미칠 것이다. 여기서 시어의 중요성이 강조된다. 시 언어가 전통문법이나 획일적인 의미부여에 종속될 필요는 없겠지만 이즈음 우리 시의 흐름에서는 급기야 가벼운 요설饒舌, 위트, 패러디 그리고 종전의 전통적인 서정시어들을 뒤집는 언어추구와 실험의 극단을 달리게 되었다. 의표를 찌르는 새로운 발상의 시어 형상화와 인습을 거부하는 참신한 실험정신은 바람직한 일이지만 최소한의 균형감각과 지속성, 안정감을 확보하여 이후 트렌드로 자리 잡을 시적 미학과 시어를 위한 '낯선 전범典範'의 반열에 오르기에는 아직 공감의 폭이 넓지 않은 것이 현실이다.

 이런 즈음 학명란 시인이 보여주는 언어에 대한 깊은 탐색 노력은 눈여겨볼만 하다. 「모든 것이 제 자리로 돌아가는 풍경」, 「폭설」 그리고 「곰소 염전」 같은 작품에서는 이런 탐색의 노력이 구체적으로 드러난다. 카메라를 메고 발길 닿는 미답의 땅을 찾아 나서듯 언어의 밭에서 자신의 감성과 직관을 담아낼 새롭고도 의미 있는 시어를 고르는 작업이야말로 시인의 첫 의무가 아니겠는가. 그러므로 세상에 펼쳐진 '풍경'은 그 자체로 무궁무진한 언어의 광맥, 시어의 너른 들판이 되어준다.

> 칸칸마다 추억인 푸른 기차가 지나고
> 모든 것들이 그들의 자리로 돌아가는 시간
>
> 그 풍경 밖의 풍경 하나
> — 「모든 것이 제 자리로 돌아가는 풍경」 부분

'그 풍경 밖의 풍경 하나'에 관심이 쏠리고 거기서 거두어 들이는 언어, 시어는 시인의 언어저장고에 차곡차곡 되어 각고의 정제와 제련과정을 거치게 되는 것이다. 그런 의미에서 염전은 대단히 적절한 상징으로 이런 언어발견 과정과 시인의 조탁노력을 함께 보여주는 대안이 되고 있다.

"한낮의 무료함을 들쑤시는 바람은 태양과 작당하여/ 은밀히 숨겨 놓은 불완전한 언어들을 적신다 —「곰소 염전」부분"에 주목하자. 시행처럼 정결한 바닷물을 가두어 놓고 햇볕의 증발과정을 통하여 순수한 결정체인 소금을 얻는 노력은 시인과 염부의 공통점을 보여주는 신선한 발상으로 평가할 만하다. 소금정제 과정의 노고와 신산辛酸함은 시인이 시를 창작하는 노력과 유사한 까닭이다. 궂은 날씨, 불순물의 범람 그리고 뜻하지 않은 돌발 상황 등 소금제조를 방해하는 여러 상황 앞에서 염부가 자괴와 연민으로 소금을 긁어내듯 시인 역시 염전에서 만드는 소금을 바라보며 삶과 인간을 관조하는 동안 언어탐색 작업은 보다 성실해지며 넉넉한 결실을 거둘 수 있었던 것이다.

젖은 것들은 스스로 버거워 습기를 버리고
소멸은 반짝이는 응어리로 結晶된다
소멸의 시간 앞에
하얀 자괴와 연민을 서억서억 긁어내는 鹽夫
가늘게 부는 바람, 그리움의 냄새는 헤실바실

- 「곰소 염전」 부분

멈추기, 내려놓기, 사랑을 믿는다

    소금이 음식의 간을 맞추고 변질을 막아주는 기능을 한다면 언어는, 그런 언어로 직조한 시는 삶의 간을 맞추고 일상의 부식과 인간성의 타락을 어디까지 방지할 수 있을까. 우리는 학교에서, 문학개론에서 그렇게 배웠다. 또는 지금까지 애송되는 불후의 명작 시편들이 그런 명제의 구체적인 증거가 되어 주기도 한다. 소금이 적절히 들어간 음식은 풍미와 미각을 더해 식탐을 자극할 수 있고 일정기간 식품의 부패를 막아주는 역할을 한다지만 우리가 지금 체험하는 고단한 일상, 팍팍한 삶의 반복은 詩라는 언어가 개입함으로써 소금과 음식의 관계처럼 온전한 조화를 이룰 수 있을까. 아마도 어려울지 모른다.
    더구나 시의 영향력과 위상이 흔들리고 있는 상황, 인간관계의 본질이 전도, 왜곡되는 현실에서 시와 인간성의 본질을 지키려는 시와 시인의 노력은 더욱 강화되어야 하겠지만 여기에 더하여 학명란 시인은 삶을 힘 있게 만드는 미덕으로 겸허와 사과, 내려놓기와 포기를 권면한다. 결국 시인은 이런 생각의 확신을 얻기 위하여 길을 떠나고 카메라 렌즈를 벗하고 언어의 숲에서 반짝이는 자음과 모음의 아름다운 조합을 찾아보면서 총체적인 삶의 예지를 궁리하지 않았을까.

우리가 일상에서 욕망하는 거의 모든 것들은 스스로의 자발적인 욕망이 아니라 욕망의 매개자를 통한 대리욕망이 부추기는 욕구라고 주장한 르네 지라르의 욕망의 삼각형 이론은 지금에 와서도 여전히 유효하다. 나아가 1960년대 이런 이론을 주장한 지라르는 반세기 후 21세기 초반 지금의 사회를 예견했는지도 모른다. 모든 욕망의 주체는 자기 스스로 어떤 대상을 욕망한다고 생각하지만 사실 그것은 매개된 욕망에 불과한 것이라는 주장이다. 모든 욕망은 경쟁자의 욕망을 모방한 것으로 욕망하는 주체와 욕망의 대상 사이에는 제3의 인물 이 개입하는데 이것이 바로 라이벌이다. 내가, 우리가 끊임없이 무엇인가를 욕망하는 이유는 나의, 우리의 경쟁자가 그것을 욕망하기 때문이므로 이런 악순환의 연결고리를 놓고 그 라이벌을 경쟁자로 생각하지 않는다면 마음의 평화, 욕구의 감소 나아가 헛된 욕망의 소멸이 가능할 것이라는 추론에 이른다. 여기서 학명란 시인은 사과謝過의 미덕을 제시한다. 내 탓, 네 탓을 가리지 않고 먼저 건네는 사과는 궁핍한 삶을 데워주는 대승적 화해의 단초가 되기 때문이다.

믿어버린 것 사과합니다.
……
어리석은 나를 용서하십시오.
……
무지함을 용서해 주십시오.

.....
아프게 사랑해서 미안합니다.
– 「식상하고 진부한 사과_{謝過}」 부분

  첫 시집에서 수줍지만 당당하게 드러냈던 자의식의 흔적, 내면의 이러저러한 상처는 내려놓기, 사과, 포기, 겸손 같은 미덕의 제안에 힘입어 아름답게 아무는 동시에 자신의 고유한 목소리, 세상을 향해 던지는 열린 목소리의 옥타브를 높이게 되었다. 결코 짧지 않은 기간 시인의 시적 탐색, 내면 성찰 그리고 특히 언어와 이미지의 새로움을 찾아 경주한 노력은 이런 성숙을 향한 행로, 여정, 기행의 소중한 기록과 형상화로 쌓이게 되었다. 시인이 권면한 겸허한 삶의 자세, 시선의 핵심은 자기를 비우고 먼저 사과하고 선선히 포기함으로써 더 큰 충만과 성취를 이룬다는 것이지만 거기에는 물질적 삶에서의 소금처럼 반드시 필요한 정신적인 기제가 존재한다.
  「사랑을 믿느냐고 묻는 말에 대하여」라는 작품에서 시인은 평소의 목소리에 한층 힘을 실어 "사랑을 믿는다"라고 확신으로 노래한다. 사랑의 눈으로 세상을 보면서 자신을 연마하고 삶과 인간에 대한 진지한 성찰을 계속하는 시인은 그 '사랑'이라는 미덕으로 언제든 돌아온다. 사랑에서 시작하고 사랑으로 회귀하는 이 사이클은 출발점으로 돌아오는 까닭에 일견 폐쇄적으로 보일지도 모르지만 유연하고 유익한 선순환 형상을 이루며 매순간 열려있는 아름다운 사유구조의 결실인 것이다.
  이제 두 번째 시집을 펴내면서 본격적인 시창작의 길로 들

어선 학명란 시인의 시적 성취를 크게 기대하는 것은 이렇듯 탄탄한 내면과 의식 그리고 언어에 대한 염결성과 진지한 탐구정신에 대한 믿음 때문이다. 삶과 인간, 사회가 빚어내는 여러 잡답한 그림자와 어지러움 속에서도 시인은 「사랑을 믿느냐고 묻는 말에 대하여」 3연에서처럼 사랑을 의심해 본 적이 없고 배반의 순간에도 한 순간 떨리는 진심을 믿었던 것이다. 사랑을 굳게 믿는 것이다. 이제 더 깊고 넓은 목소리로 그 사랑의 힘, 사랑의 성취를 노래할 시인의 여정을 관심 깊게 지켜보기로 한다.

문득
학명란 시집

초판 발행 | 2012년 11월 20일

지은이　Writer
　　　　　학명란 Hak, Myungran

펴낸이　Publisher
　　　　　한창옥 Han, Changok　배성국 Bae, Sungguk

기획위원　Plan Member
　　　　　고운기 Go, Ungi　이문재 Lee, Munjae
　　　　　이영광 Lee, Yeongkwang　김혜영 Kim, Hyeyoung

펴낸곳　Publishing Company
　　　　　POEMPOEM

출판등록　Publishing No.
　　　　　25100-2012-000083

본　사 | 서울시 송파구 잠실로 62 트리지움 308동 1603호 (138-890)
편집실 | 부산시 해운대구 마린시티 3로 37 한일오르듀 1322호 (612-824)
　　　　C.P. 017-563-0347 TEL. 02-413-7888 TEL/FAX. 051-911-3888
메　일 | poempoem@hanmail.net
카　페 | http://cafe.daum.net/sipoems

제작 및 공급처 | 산업디자인전문회사 두손컴

정가 10,000원
ISBN 978-89-969275-2-5-03810

＊저자와 협의 아래 인지를 생략합니다.
＊이 책의 저작권은 저자와 출판사에 있습니다.
　저자 허락과 출판사 동의 없이 무단 전제 및 복제를 금합니다.